AF139452

Herstellung und Verlag:
BoD-Books on Demand, Norderstedt
ISBN: 978-3-7386-1958-4

Klaus Kliem

Rebhuhnfarbene Polnische Grünfüßler

Polska Zielononóżka kuropatwiana

Das Wilde Huhn Europas

Ein Huhn, das nicht singt, legt auch keine Eier
polnisches Sprichwort

Herkunftsgebiet des Huhns ist Galizien. Nach der dritten Teilung Polens 1795 geriet Galizien mit anderen Gebieten unter die Herrschaft Österreichs. Russland und Preußen erhielten die beiden anderen Drittel. Polen als Staat blieb 120 Jahre lang von der Landkarte Europas verschwunden. Aber die Polen fanden sich nicht ab mit dem Verlust ihrer staatlichen Eigenständigkeit und nutzten jede auch noch so geringfügig scheinende Gelegenheit, gegen die Fremdherrschaft der drei Großmächte aufzubegehren. In diesem geschichtlichen Zusammenhang ist das Rebhuhnfarbene Polnische Grünfüßler - Huhn zu sehen. Dieses Huhn war nicht nur Lieferant von Fleisch und Eiern, sondern auch Ausdruck des Polentums. Jede polnische Bauersfrau, deren Familie sich zu Polen bekannte, hielt dieses „galizische" Huhn auf dem Hof und brachte damit ihren Patriotismus zum Ausdruck. Es erlangte Kultstatus in den von Polen besiedelten Dörfern in den besetzten Gebieten. Eine landesweite Verbreitung erfuhr dieses Huhn nach der Wiedererlangung der Eigenstaatlichkeit Polens im Jahr 1918.

Die erste Erwähnung des Rebhuhnfarbenen Polnischen Grünfüßler – Huhns geht zurück auf den Arzt Bronisław Obfidowicz-Podkowa und seinen Artikel über dieses Huhn in der Zeitschrift „Hodowca Drobiu" (Der Geflügelzüchter) im Jahr 1879. Zum ersten mal ausgestellt wurde dieses Huhn mit der Bezeichnung „Zielononóżka" (Grünfüßler) im Jahr 1894 auf der Landesausstellung in Łwów (heute Lviv, Ukraine). Zu keinem Zeitpunkt gab es züchterische Eingriffe, sodass dieses Huhn seit mehr als 120 Jahren hinsichtlich seiner äußeren Erscheinung, seiner Legeleistung und seiner Genetik keinerlei Veränderung unterworfen war.

Die frühen Halter dieses Huhn erwiesen sich aus heutiger Sicht als Visionäre. Durch sie hat sich das Huhn in seiner Ursprünglichkeit und Genügsamkeit als Teil des polnischen kulturellen Erbes bis heute erhalten, lange bevor es Mode war, Konzepte zum Erhalt der biologischen Vielfalt zu entwickeln.

Diese Tatsache ist in den Augen polnischer und internationaler Experten auf dem Gebiet der Biogenetik und Fortpflanzungsbiologie eine Sensation, sodass der polnische Staat vor einigen Jahren beschlossen hat, das Rebhuhnfarbene Polnische Grünfüßler – Huhn zu schützen und seinen Bestand weiterzuentwickeln.

Diese polnische Hühnerrasse ist verzeichnet in der „Roten Liste"der FAO (Ernährungs- und

Landwirtschaftsorganisation der Vereinten Nationen) der vom Aussterben bedrohten Tiere.

Derzeit gibt es zwei geschützte Herden, die die Ausgangsbasis der künftigen züchterischen Arbeit mit diesem Huhn sind. Eine der Herden wird betreut vom Institut für Zootechnik in Balice bei Krakau und die andere von der Naturwissenschaftlichen Universität in Lublin. Beide Einrichtungen erhalten ausreichende Finanzmittel des polnischen Staates und haben die Aufgabe, die Genetik des Huhns zu stabilisieren, d.h. seine originären genetischen Eigenschaften zu festigen, insbesondere den rebhuhnfarbenen Farbschlag zu erhalten. Nur diese beiden Einrichtungen besitzen die Rechte am eingetragenen Warenzeichen „zielononóżka kuropatwiana" (rebhuhnfarbene Grünfüßler).

Im Verzeichnis der Standards der Europäischen Gemeinschaft ist die Rasse mit der Bezeichnung „Zielononóżka polska" (Polnische Grünfüßler) eingetragen, ebenso in der Polnischen Vereinigung der Rassetauben- und Kleingeflügelzüchter (PZHGRiDI). Interessierte Züchter in Polen und den Nachbarländern aber auch im übrigen Europa haben jetzt die Möglichkeit, auf der Grundlage dieser Tiere nunmehr andere Farbschläge zu erzüchten.

Es erfordert eine intensive Arbeit, z. B. Tiere mit silberweißen Beinen und goldenem Hals zu schaffen.

Dieses Huhn liebt die Freiheit und geht immer seinen eigenen Weg. Die Tiere entfernen sich von ihrer Stallung oft mehr als einen Kilometer, finden aber zielsicher zurück. Es wurde beobachtet, dass Tiere oft umstehende Bäume zum Übernachten aufsuchen, wenn sie abends vor Einbruch der Dunkelheit den Weg in ihren Stall nicht schaffen. Sie überstehen starke Minusgrade ohne Erfrierungen am Kamm zu erleiden. Es ist erstaunlich wie sich die Tiere an die z. B. im Osten Polens herrschenden extremen

Klimabedingungen angepasst haben. Das Huhn hat eine ursprüngliche, wilde Natur, ist schwer zu zähmen und als Hausmaskottchen völlig ungeeignet. Es ist sehr lebhaft und bewegungsfreudig. Wird es mit anderen Hühnern gehalten, die als kämpferisch gelten, übernimmt es stets die Führung. Ein enger Verbund der Grünfüßler mit solchen Hühnerrassen ist deshalb nicht ratsam.

Das Huhn ernährt sich zu 90% Teil selbst. Es ist den ganzen Tag unermüdlich auf der Suche nach Nahrung in nahe gelegenen Feldern, Ställen und Scheunen und kehrt stets am Ende des Tages zurück. Am Abend muss nur wenig zugefüttert werden. Seine Anspruchslosigkeit ist sprichwörtlich. Aufgrund der Tatsache, dass es grundsätzlich nicht in geschlossenen Räumen gehalten werden kann, wo es schneller zum Ausbruch von Infektion kommt, aber auch wegen seiner Genetik, ist das Huhn äußerst widerstandsfähig gegen Krankheiten.

Diese Widerstandsfähigkeit, eigentlich ein ursprüngliches Merkmal aller Hühnervögel, ist durch züchterische Eingriffe des Menschen bei allen anderen Rassen stark beeinträchtigt.

Nicht nur in Polen oder Westeuropa sondern weltweit sind Merkmale wie lange Schwänze, kurze Läufe, mehr Masse oder auch Hauben, Latschen usw. bei Hühnern bekannt.

Das sind letztendlich genetische Anomalien, die wie jede genetische Beeinflussung, Folgen für die Widerstandskraft gegen Krankheiten mit sich bringen.

Ganz anders das Grünfüßler - Huhn, das seit 200 Jahren genetisch unverändert, gelernt hat, sich den herrschenden Umweltbedingungen auf natürliche Weise anzupassen, weil es sonst nicht überlebt hätte. Die Rebhuhnfärbung des Gefieders der Henne hat maßgeblich dazu beigetragen, eine Begegnung mit Fuchs und Marder zu überleben. Der auffällig schön gefärbte Hahn unternimmt jeden Versuch, das Interesse des Raubzeugs von der in einer kleinen Vertiefung brütenden Henne und ihrer Küken abzulenken, um so deren Überleben zu sichern.

Aufgrund dieser Eigenschaften ist das Huhn weder für die Massentierhaltung noch für den Massentransport geeignet. Es benötigt unbedingt den Zugang zum Grün und einen freien Auslauf, der seinem Bewegungsdrang gerecht wird. Auf zu kleinen Flächen oder in geschlossenen Ställen ist das Huhn "unglücklich". Es eignet sich ideal für die Zucht und Haltung in kleineren Herden und für die Haltung auf biologisch geführten Höfen und solchen mit Agrotourismus.

Als Gegenleistung liefert das Huhn für die gesamte Region neben seiner attraktiven Erscheinung hochwertige Produkte.

Im Jahr 1930 betrug der Anteil dieser Rasse 70% am Gesamtbestand der gehaltenen Hühner in Polen, dieser Anteil ging zurück auf 13% und betrug letztendlich 11% im Jahr 1961.

Besonders zu erwähnen sind die Bemühungen des damaligen Präsidenten des Zentralkomitees Geflügelzucht des polnischen Verbandes Maurycy Trybulski in den 20er Jahren des letzten Jahrhunderts zur Erhaltung der Eigenschaften der Grünfüßler, insbesondere der resedagrünen Farbe der Füße.

Nach einer ausufernden Entwicklung der Zucht in den fünfziger Jahren des letzten Jahrhunderts gab es schwere Rückschläge vor allem wegen eines ungenügenden Auslaufs und fehlendem Zugang zur freien Natur. Es zählte die Wirtschaftlichkeit und so wurden Rassen gesucht, die schnell große Eier in hohen Stückzahlen produzierten und in kurzer Zeit schlachtreif waren. Ein weiterer Grund für das mangelnde Interesse an dieser Rasse war, dass sie wegen ihren dunkleren Haut und dunklen Füßen nicht geschätzt wurden. Der Verbraucher bevorzugte damals Fleisch mit heller Farbe. Hier gibt es einen Rückwärtstrend und die Verbraucher fragen verstärkt nach Tieren mit dunklem Schlachtkörper, der im Geschmack und Aussehen dem Wildbret ähnelt. Hinzu kommt der allgemeine Trend hin zu Produkten von Tieren aus biologischer Haltung, die unter natürlichen Bedingungen verarbeitet wurden.

Verstärkt werden in Restaurants mit originaler polnischer Küche Delikatessen angeboten, die auf Produkten der Grünfüßler basieren.

Vor diesem Hintergrund hat diese originäre polnische Rasse eine große Zukunft. Die besonderen Eigenschaften der Produkte dieses Huhns wurden wissenschaftlich untersucht. Das Eigelb besticht durch eine intensive gelbe Farbe und einen niedrigen Cholesteringehalt sowie bei angemessener Ernährung durch einen hohen Anteil an nützlichem HDL-Cholesterin. Aufgrund ihrer Vorzüge können die Produkte der Grünfüßler, als qualitativ besonders hochwertige Nahrungsmittel bezeichnet werden. Wegen seines PH-Wertes sowie der enthaltenen Proteine und des geringen Fettgehaltes ist das Fleisch ein besonders geschätztes Lebensmittel.

Die Eier sind Lieferant von Aminosäuren und ungesättigten Omega-3 Fettsäuren sowie von Vitaminen und Mineralstoffen, die dazu beitragen können, den Tagesbedarf des Menschen zu decken. Sie zeichnen sich weiterhin aus durch vorzüglichen Geschmack und Geruch.

Auch hinsichtlich der Wirtschaftlichkeit hat das Grünfüßler–Huhn Vorteile gegenüber herkömmlichen Rassen. Der Fleischpreis ist doppelt so hoch wie bei anderem Geflügel. Der Durchschnittspreis eines Eies der Grünfüßler beträgt das Dreifache des Preises eines Eies anderer Rassen, in Tourismusgebieten ist der Preis sogar noch höher.

Die Zucht der Grünfüßler ist problemlos. Der Hahn kann bis zu 12 Hennen führen. Wichtig ist eine richtige Fütterung. So ist die Gabe hoch proteinhaltigen Futters nicht ratsam. Leider ist in dieser Rasse durch eine jahrelange falsche Haltung in Massenunterkünften das natürliche Brutverhalten teilweise verloren gegangen. Langsam kehren bei art- und rassegerechter Haltung diese Eigenschaften zurück. Wenn die Henne erst einmal fest auf den Eiern sitzt, wird sie sie ausbrüten und die Küken sorgfältig führen und groß ziehen.

Das Huhn legt im Durchschnitt 150 bis 180 Eier im Jahr bei einem Gewicht von 55 b is 58 gr. Der Hahn wiegt 2,0 bis 2,5 kg, die Hennen 1,8 bis 2 kg. Die Farbe der Eier geht von schneeweiß bis cremefarben. Es wurde beobachtet, dass die Junghühner bereits ab der 20. Lebenswoche beginnen Eier zu legen. Das Gewicht der Eier im ersten Legejahr liegt bei ca. 40 gr. Berichte wonach Hennen vereinzelt bis zu 300 Eier im Jahr gelegt haben sollen, können nicht bestätigt werden.

Erfahrungsberichte

Es ist ein schöner Anblick, diese fleißigen Tiere bei der Nahrungssuche zu beobachten. Sie suchen viele Stunden ihr Futter auf unserem Hof und den angrenzenden Wiesen ohne auch nur einmal aufzublicken. Ich habe das gute Gefühl, dass nicht ein einziges Korn verloren geht, das sonst Wildvögeln fressen oder gar Schädlinge anlockt. *Mirosław Grygieł, Stare Bojanowo WP*

Meine Familie bewirtschaftet unseren Hof in der sechsten Generation. Seit ich denken kann und wie die Aufzeichnungen meiner Vorfahren zeigen, schon seit langer Zeit haben wir hier das Galizische Huhn. Es ist sehr einfach, diese Hühner zu halten: sie brüten sehr zuverlässig und ziehen die Küken selbständig und ohne unsere Hilfe auf. *Stanisława und Edmund Snopkowscy, Baboszewo MZ*

Wir haben vor einigen Jahren das Milchvieh aufgegeben und auf Agrotourismus umgestellt. Neben Ponies, Ziegen, Kaninchen, Esel, Enten und Gänsen haben wir zur Freude der Urlauber eine Herde der grünfüßigen Hühner, die auf dem gesamten Gelände frei herumläuft. Sie liefert für unsere Gäste die begehrten schneeweißen Eier zum Frühstück. *Irmina Nowicka, Giżycko WM*

Meine Vorfahren haben das Huhn mit den grünen Füßen aus Drohobycz bei Łwów hierher nach Ossipee in New Hampshire mitgebracht. Seither gehört es zu uns. *John Capek, Ossipee, NH, USA*

Rezepte

<u>1. Huhn im Sauerkrautdampf gegart</u>

Das Huhn vierteln, würzen und auf allen Seiten scharf anbraten. Das Sauerkraut mit Lorbeer, Piment und etwas Zucker würzen und erhitzen. Die angebratenen Teile mit der Haut nach oben auf das Kraut legen und bei geschlossenem Topf garen. Anschließend das fertig gegarte Fleisch ohne das Kraut bei starker Oberhitze in die Röhre geben bis die Haut knusprig ist.

2. Eiersalat

Zuerst mit dem Mixstab aus 1 Ei, 1 EL Senf, 1 TL Zitronensaft, Pfeffer, Salz, getrockneten Estragonblättern und 200 ml Sonnenblumenöl eine Mayonaise herstellen und kühl stellen.

4 Eier hart kochen, abkühlen lassen und schälen. 3 EL junge Erbsen garen und abkühlen lassen. 1 kleine Gewürzgurke, 1 kleine Zwiebel und 3 TL Kapern in kleine Würfel schneiden und in die Mayonaise geben, ebenso die Erbsen und die gewürfelten Eier und wieder kalt stellen. Vor dem Servieren mit Zitronensaft, Pfeffer, Salz abschmecken.

3. Eierlikör

Zutaten: 8 frische Eigelb
              250 g Puderzucker
      375 ml 10% ige Kondensmilch

auf leichter Wärme mit einem Handmixer verrühren bis sich der Zucker aufgelöst hat und alle Zutaten verbunden sind, anschließend

      125 ml 90% igen Alkohol unterrühren, in Flaschen füllen und langsam abkühlen lassen.

4. Huhn im Spreckmantel gebraten

Zutaten: 1 Huhn, Petersilie, 150 gr. grüner Speck, Salz, Geflügelgewürz.

Das vorbereitete Huhn mit Salz und Gewürz einreiben und eine Stunde kalt stellen. Die Petersilie in den Rumpf geben. Das Huhn mit dünnen Speckscheiben belegen, mit einen Küchengarn umwickeln und ca. 30 Minuten bei starker Hitze (250 °) braten. Während des Bratens mit Wasser und dann mit dem Bratensaft begießen. Den Speck entfernen und das Huhn knusprig bräunen. Servieren Sie es mit Kartoffeln oder Pommes Frites zu Blumenkohl, Spargel, grünen Schoten oder Rotkohl

5. Eier Sejm-Art

Zutaten: 4 hartgekochte Eier, 20gr. Kaviar, 8 dünne Scheiben Lachs, 100 gr. Champignons, etwas Fett für die Champions, 200 gr. gekochter Reis, 20 gr. Ketchup, 30 gr. Mayonnaise, 1 Bund Dill, einige Blätter Salat. Die Champignons putzen, waschen, kleinschneiden, braten, abkühlen lassen, mit dem Reis, dem Ketchup, der Mayonnaise und dem gehackten Dill vermischen und abschmecken. 8 Kugeln daraus formen und mit den Lachsscheiben umwickeln und kalt stellen. Vor dem Servierren die Kugeln auf die Salatblätter legen. Zum Garnieren die halbierten Eier oben auf legen und mit Kaviar verzieren.

Rassestandard

Diese originale polnische Rasse ist für eine extensive Zucht geeignet. Die erste dokumentierte Erwähnung geht zurück auf das Jahr 1879. Zum ersten Mal gezeigt wurde sie 1894 auf einer Nationalen Ausstellung in Łwow (heute Lviv, Ukraine). Sie hat eine ursprüngliche Natur, ist halb wild und dominant. Es wird nicht empfohlen sie in geschlossenen Räumlichkeiten und in Beständen von mehr als 50 Tieren zu halten.

Allgemeine Erscheinung
mittlerer Typ mit langem, dreieckigen Rumpf und Schwanz durchschnittlicher Länge.

Rassemerkmal Hahn

Kopf mittlere Grösse, oval

Schnabel kurz, relativ stark, das Ende leicht gebogen, dunkel hornfarben, unten heller

Kamm 7 cm lang, einfach, dünn, mittellang, mit 6-7 gleichmäßig geschnittenen Zähnen, 4 cm hoch, gerade stehend, glatt, glänzend, mit einem Fähnchen hinten leicht verlängert, sollte nicht seitlich fallen

Wangen rot, leicht befiedert

Ohren rot, mittlerer Grösse, leicht länglich, fein gestaltet

Kehllappen mittellang, glatt, gut abgerundet

Augen groß, orange-braun, Iris dunkler umrandet.

Körper voll, nicht zu lang, dreieckig, leicht angehoben.

Hals mittellang, leicht nach hinten gebogen, mit einem reichlich Behang auf die Schulter fallend

Brust voll, breit, ausgeprägt, relativ hoch.

Bauch gut entwickelt, üppig, voll

Rücken ausreichende Länge, breit auf ganzer Rückenlänge, abgerundete Seiten, zum Schwanz hin leicht abfallend, gut ausgebildeter Sattel, der am Übergang der Rückenlinie zum Schwanz deutlich unterbrochen wird.

Schultern breit und abgerundet

Flügel groß, mit breiten Schwungfedern, fest, eng am Körper liegend und parallel zum Rücken getragen

Sattel mittelbreit

Schwanz Mäßig lang, breit, reich gekleidet, in einem Winkel von 50-75 Grad getragen, teilweise offen, mit sehr langen, leicht nach hinten gebogenen Säbel-Federn, in einer Reihe am breiten Steuer.

Oberschenkel relativ stark, sichtbar angrenzend

Springer mittelhoch, stark.

Krallen kurz, eher klein, in der Jugend hellgrün, dunkler werdend, im Alter bis hin zu Schiefer-Grün.

Gefieder reich, eng anliegend

Rassemerkmal Huhn

Die Haupteigenschaften des Hahns sind unter Berücksichtigung der Merkmale des Geschlechts des Huhns hier anzuwenden. Es ist kleiner, hat eine dickeren Körper und stärkeren Bauch. Der stehende Kamm hat 6 bis 7 Zähne. Er ist kleiner, aufrecht stehend. Hals lang und gerade. Brust nach vorne gestreckt. Oberschenkel stark. Schwanz deutlich erweitert, in einem Winkel von 50 bis 60 Grad getragen.

Grobe Fehler

Hahn zu großer Kopf. Zu langer, schlanker Schnabel. Sehr große, schwer herabhängende auf den Rücken gelegte Kammfahne. Zu große Ohren. Lange, wellige Kehllappen. Brust und Schwanzgefieder violett schimmernd. Dreieckiger Oberkörper. Flache Brust. fischgrätenartiger Hals. Hängende Flügel. Zu Kurzer oder zu langer, senkrecht oder tief getragener, kompakter Schwanz. Zu lange, zu starke, schieferfarbene oder Gelbe Springer.

Huhn zu groß und stark, schiefer Kamm. Zu offener, senkrecht oder tief getragener Schwanz.

Körpergewicht

Hahn 1,9-2,2 kg; min. 1,6 kg, max 2,7 kg;
Henne 1,5-1,8 kg, min. 1,3 kg, max 1,9 kg;
Körpergewicht über einem Jahr:
Hahn 2,2 -2,6 kg; min . 1,9 kg, max. 3,1 kg
Henne 1,8-2,2 kg, min. 1,5 kg, max. 2,7 kg
Jahreseierproduktion: 180
Die Farbe der Eierschale ist weiß bis cremig Gewicht 55-60 gr.

Anerkannte Farbvariante: Gelbfüßigkeit

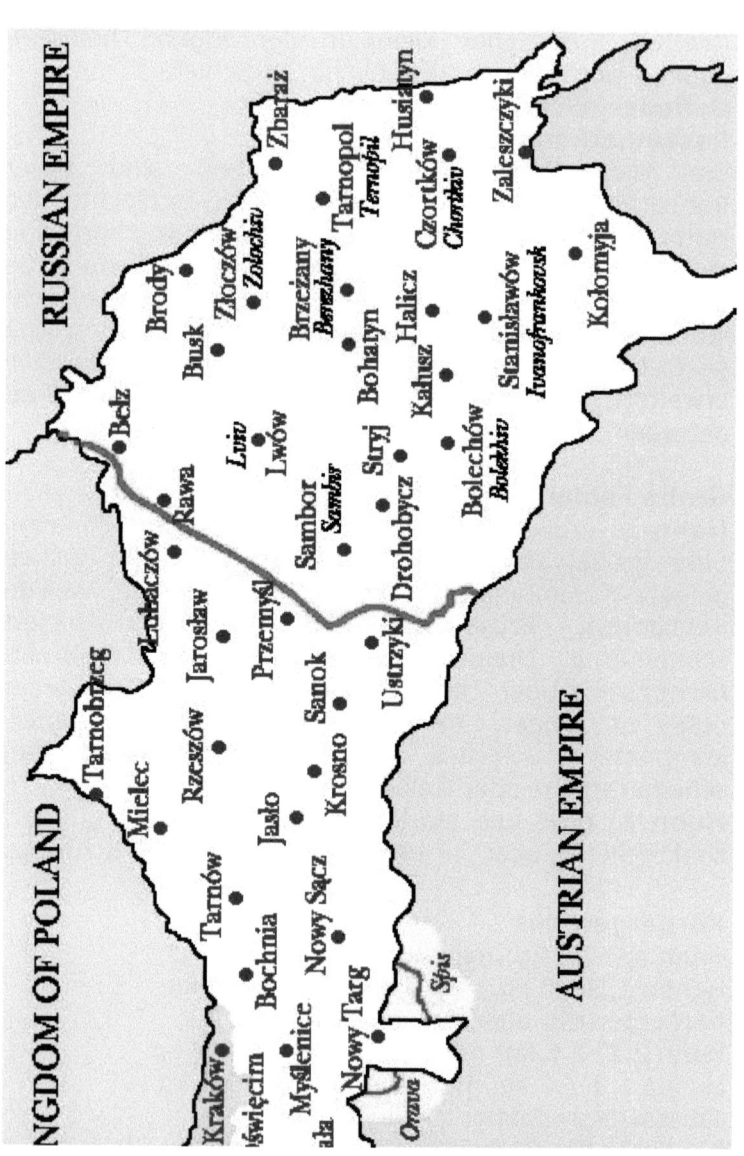

Galizien. Die rote Linie markiert die heutige Grenze zwischen Polen und der Ukraine.

Lennox K. aus Friedersdorf war der jüngste Freund der Rasse, den ich bei der Arbeit an dieser Broschüre kennen gelernt habe. Stolz zeigt er seinen 6 Monate alten Hahn.

Verzeichnis der verwendeten Literatur

-Zeitschrift „Hodowca Drobiu" 4/2010
-Stanisław Roszkowski „Witryna Wiejska"
-Internetpräsenz der PZHGRiDI
-Henryk Dębski: Współczesna Kuchnia Polska

Nachweise

-Übersetzung: Hagen von Kornbach, Berlin
-Beratung: Romana Ptak, Ostrów Wlkp.
-Fachl. Betreuung: Uwe Krüger, Friedersdorf
-Foto-Design: Camilla Lobo, Berlin
-Fotos: Studio Ascania, Wildau
-Recherche: Agnieszka Matel, Szczecin

Mein besonderer Dank gilt Regina und Burkhard Peters
für ihre allseitige Unterstützung.